AIREANDO MONSTRUOS

CARTOGRAFÍA DE ANHELOS Y DESVARÍOS DESATENDIDOS

Amaia Arteta Arregui

COLECCIÓN ITES

AIREANDO MONSTRUOS
CARTOGRAFÍA DE ANHELOS
Y DESVARÍOS DESATENDIDOS

© Amaia Arteta Arregui
© Portada: Ilustración original de Fede Capdet i
Torregrosa y composición de Jorge Espejo.
© Corrección: Paloma Albarracín
© de esta edición: Olé Libros, 2025

ISBN: 979-13-87620-71-4
Depósito legal: V-2231-2025
Impreso en España

KALOSINI, S. L.
Grupo editorial olélibros
equipo@olelibros.com
www.olelibros.com

Hay quien me dijo que soñara con moderación
para evitar decepciones.
Y quien me convirtió en isla.
Hay quienes me dieron su amor al nacer yo.
Y quienes al nacer me han dado, sin saberlo, la vida a mí.
Hay quienes siempre han creído en mí.
Y los hay también que no y que, sin quererlo,
me han hecho más fuerte.

A todas estas personas y a alguna más, ¡gracias!

A Ainara, Unai y Pedro.

Anhelos

I.

Pretérito es
cuando todo mi mundo
cabía en tu abrazo.

2.

Dentro de una nuez
caben una ballena, dos galaxias y una flor.
También hay espacio para la risa, el llanto
                              [y una pizca de humor.

Dentro de una nuez
los lunes hay esgrima; los miércoles una revolución
              [y los sábados se trabaja, pero solo los días pares.
Martes, jueves, viernes y domingos son de libre disposición.

Dentro de una nuez
solo hay una nuez
para los que no saben mirar.

Dentro de una nuez
estoy yo
y no estás tú.

3.

No me fui
aunque no esté donde me dejaste.

4.

Un cuento y una canción.
Mi billete para una despedida.
Te quiero recordar como cuando era niña,
con juegos y risas.
Te quiero libre
de un cuerpo seco como un olmo.
Te quiero libre
sin el lastre de una mente desecha de desmemoria.
Te quiero libre
en nuestros corazones.
Te quiero.

(A mi abuela.)

5.

Se encontraron sin buscarse,
cuando todo parecía perdido.

6.

Mi mejor yo está en ti.
Mi mejor yo no sale reflejado en el espejo.
Mi mejor yo se queda en casa cuando salgo por la puerta,
se me olvida tirado en un rincón.
Mi mejor yo no es nadie si tus ojos no lo miran.
Mi mejor yo es egoísta y caprichoso.
Mi mejor yo no sabe quién es la gran parte del tiempo.
Mi mejor yo está en ti y temo perderlo.

7.

El vacío no es aire ni hueco.
A veces lo llena todo.
Pesa.
Se siente.
Te hunde.

Hay otras que se hace conversación con eco.
Con preguntas,
sin respuestas.

Llenar el vacío.
No.
Mejor domesticarlo,
porque sabes que no puedes escapar de él.

8. Isla

Eres una isla para mí.
Lo susurraste al oído como en sueños.

Eres una isla y me imaginé como un lugar de coordenadas imposibles que no sale en los mapas. Solo tú puedes encontrarme.

Eres una isla y me imaginé como un puerto a resguardo de las tempestades de la vida. Un abrigo donde sentirte seguro, tranquilo. Donde ser tú.

Eres una isla y quise sentirme como un pequeño territorio con una cartografía que, aunque ahora reconozcas, te siga provocando una ávida e infinita curiosidad.

Eres una isla, me dijiste. Y sentí que tu mirada me convertía en patria de una pasión.

9.

Lo quiero todo
de a poco
y saborearlo como si no hubiera un mañana.

Quiero olvidarlo todo
desaprender para volver a empezar.

A escuchar la música.
A desnudarte.
A esperar.
A reír.
A decir no.
A no hacer nada.
A respirar.

Hasta los recuerdos los quiero despacio,
para que no se me escurran entre los dedos
y puedan enredarse en mis neuronas.

10.

Poco a poco
con el pasar de los años
aprendió a encontrarse
en los silencios,
las pausas y la oscuridad.
A estar
sin hacerse preguntas.
A aceptarse
sin filtros ni verdades a medias.

Poco a poco
con el pasar de los años
entendió que quererse
también era esto.

11.

A veces sobra todo.
Los motivos,
las excusas,
las ganas.

Todo, menos
tu calor,
tus abrazos.
Tú.

12.

Mírame con los ojos cerrados
y adéntrate hasta la profundidad del ser,
allí donde no llega la luz,
allí donde los deseos aún no tienen nombre.

Mírame y abre camino
entre las sombras.

Mírame a mí
no a mi recreación.

Mírame a los ojos
y pon luz.

13.

Desacostumbrarse
de una cotidianidad,
y acostumbrarse
a una ausencia.

14.

Se busca abrazo perdido.

15.

Se quedó inmóvil, junto al teléfono. Esperando.
Se le blanqueó el pelo y se le arrugó la piel. Esperando.
Se le apagó la mirada y enfrió el corazón. Esperando.
Tanto le esperó, que se olvidó de vivir.

16.

Hoy te he abrazado fuerte, para no caerme. Para no olvidar.
                                        [Para rescatarme.
Porque te quiero. Porque me quieres. Para perdonarme.
                                        [Para salvarnos.
Hoy te he abrazado fuerte.

17. TEMPO

Me acostumbraré a tu tempo, le prometió.
Domesticaré mi impaciencia no por ti,
                              [sino por mi propio bien.
Respetaré tus silencios y ausencias.
Disfrutaré de tu presencia,
y ansiaré tu deseo, que será también el mío.

Y en ese nuevo pacto creamos un juego donde la medida del
tiempo era variable.

De forma que, en esta nueva geometría temporal caprichosa,
las distancias empezaron a tener vida propia.

Y un luego significaba un mañana. Y un mañana se convirtió
en un quizás.

Y parecía divertido hasta que la distancia corta se convirtió,
un día cualquiera, en un abismo insondable.
Y los latidos que una vez se acompasaron, volvieron a latir en
sintonías asíncronas.

Porque las geometrías temporales variables son,
por naturaleza, indómitas y de consecuencias imprevistas.

18.

La noche que no pudo ser
tiene forma de tarjeta de embarque,
de pasaje de ensueño,
de promesa en los labios.

Cierro los ojos
y abro las piernas.
Dejo que mis manos jueguen disfrazadas de tu lengua.

Suspiro de placer.
De deseo presente y futuro.

La noche que no pudo ser
tiene tu sonrisa y mi pena.

19.

De frente
con la sonrisa amplia
y la mirada limpia.
Así te quiero.

Libre de rémoras pasadas.
Siendo tú,
imperfecta perfección.

Henchida de sueños y dudas,
de deseos y acción.
Poliédrica,
de aristas afiladas,
rotas.
Malhumorada a ratos,
en pelea constante
contra monstruos interiores.

De risa fresca
y andar firme.
Siempre tú.
Así te quiero.

Desvaríos

I.

Presagios y preludios
enredados en tu pelo.
Me vuelven loco
por descifrarte.
Preludios de besos, presagios de desvelos
enredan invisibles nuestros cuerpos.
Preludios y presagios.

2.

Como la marea,
regresas cadencioso a la orilla de mis sueños.

Húmedo y febril,
me llevas de la mano, en volandas.

Como la marea te vas,
destruyendo en tu huida los castillos de arena y deseos.

Te odio por colarte en mis sueños.
Me odio por dejarte entrar.

3.

Dejé que te asomaras a mi abismo
sin intención de arrastrarte conmigo.
Ahora ambos sabemos que no hay salida digna
y que estamos condenados a estrellarnos.
Abracémonos, pues, mientras caemos.

4.

Jugabas conmigo,
  [en mi mente inquieta y revoltosa.
Jugábamos a que éramos otros,
  [y nos gustaba.
Jugábamos para rescatarnos de nosotros mismos,
  [por temor a que el monstruo nos devorase sin haber vivido lo suficiente.
Jugabas en mi mente
  [y me gustaba.
Jugaba
  [y me olvidé de vivir.

5.

Hay cosas que no se pueden decir.
No se puede decir
que me gusta cuando hacemos el amor como animales.
No se puede decir
que te quiero a ti, pero pienso también en otros.
No se puede decir
que para recuperarte a veces tengo que perderme.
No se puede decir
que a veces no me tendrás, pero siempre seré tuya.
No se puede decir
que la rutina asfixia y necesito soñar.
No se puede decir
que te mereces muchas cosas mejor que yo.
No se puede decir
que cuando todo lo tengo, me da miedo.
No se puede decir
que es enfermizo ser así.
No se puede decir
que necesito sentir cosquillas en el estómago.
No se puede decir
que tengo oscuros deseos.
No se puede decir,
pero lo he dicho.

6.

El delirio
atrapado en un sueño.
Efímero y salvaje
aletea bajo los párpados
anhelando volar.
Ensueños enredados en las neuronas de una noche
[de otoño profunda y cálida.
Duerme, amor.
Duerme y suéñame.

7.

Atraída por la música
como una fuerza gravitatoria que escapa a tu control.
Así flotabas en la sala
convertida en el centro de tu universo.
Ajena a si mi mirada se posaba en ti.

Sonreías,
pero no era a mí
sino para ti misma.
Pura felicidad.

Te miraba
con ganas de amarrar tu cintura
sorber el olor de tu cuello,
y domar tu cuerpo.

Tenía ganas de ti.
Pero tú flotabas libre
lejana y ajena.
Feliz,
colgada de una noche infinita.

8.

Nos creímos
seres fascinantes.
Imaginariamente atractivos.
Inalcanzables.
Cuando solo éramos
mediocres supervivientes.

9.

Me pides sin decirlo
que sea tu tabla de salvación.
A mí,
que intento no hundirme
en un fango de tribulaciones y deseos.

Me quiero
y te quiero
de forma libre y generosa.
Sin exigencias, ni plazos.
Amor sin contra reembolso.

De antemano acepta
mi humana imperfección.
A mis umbrías, desdenes y torpezas,
pueril reverso de mi personalidad.

Prometo, a cambio, no hacer promesas.
Regalar canciones.
Escuchar confesiones.
Y bailar cuando arrecie la lluvia.

Y para que conste,
firmo
este tratado de la amistad.

IO.

Hay coordenadas que no salen en los mapas.
Que solo decodificamos tú y yo
y nos llevan a un lugar propio, inventado.
Construido allí donde nuestros cuerpos se entrelacen.

II.

Tengo
el pelo despeinado,
la mente enredada,
la mirada sombría,
música en los oídos
los labios mordidos,
el cuello tibio,
el pecho dolorido,
los pezones tiesos,
el vientre curvo,
las caderas blandas,
el sexo en flor,
las ganas perdidas,
la mano aterida,
las piernas firmes,
los pies cansados,
nostalgia en los zapatos,
y dudas en los bolsillos.

12.

Deja hablar a tus manos.
Olvida las palabras que nos distancian,
las prisas y obligaciones
y surca el mapa de mi cuerpo
con besos y cosquillas.

Siente el calor animal
refugio de tus naufragios
y hogar de mis deseos.

Deja que tu piel me hable
desnuda de pronombres y prejuicios.
Y seamos por un instante
solo carne.

13.

Si volviese a empezar,
me volvería a perder.

14.

—¿Si te vas a marchar, para qué me besas?
—Porque no puedo no hacerlo. Te besaré siempre, aun en sueños.

15.

Apenas sí pudo oírlo
y eso que la tenía, cerca, muy cerca.
Tanto, que podía sentir sus labios rozándole la mejilla.
Miénteme, susurró. Pero miénteme bien.

16.

Una palabra tuya
y me sentirás cerca de ti.
Otras, en cambio,
te alejan a años luz.

No eres consciente del poder gravitatorio
ni de la fuerza centrípeta que ejerces sobre mí.

Y yo, satélite orbitante,
empiezo a acumular la fuerza necesaria
para mantener mi propia órbita
en coordenadas que no puedas manejar a tu antojo.

17.

La nostalgia es como la brisa del mar
(te hincha el corazón de amor y dolor).
La nostalgia es como un pasaje solo de vuelta
(te transporta a un tiempo que fue).
La nostalgia es como un gusano de la madera
(te roe las entrañas por dentro).

Los niños no tienen tiempo para la nostalgia.
                    [Viven en el hoy y el mañana que va a llegar.
Los viejos se instalan en la nostalgia
                    [porque ya no hay un futuro que anhelar.

Tú ya no eres niña. Pero tampoco anciana.
¿Dónde vives tú, pequeña gata salvaje?, te sueles preguntar.
Vivo donde estés tú, me respondo con apetito provocador.

18.

Ojos de niño, hambrientos.
Mirada de sorpresa
y descubrimiento.

Ojos adultos, cínicos.
Mirada de deseo.
y desencanto.

Ojos de viejo, diminutos.
Mirada vidriosa,
perdida en tiempos pretéritos.

Te miro.
Me busco.

19.

Con tus silencios
invento historias
que me devoran.

20. Imposibles

Estaba justo enfrente. Sentada, distraída viendo algo en su móvil.
Con una media sonrisa y las piernas juntas, pero sin cruzar.
Estaba justo enfrente. Tan cerca y tan lejos. Inalcanzable.
Estaba justo enfrente y pensaba en cualquier excusa para iniciar
una conversación.
Perdona, ¿tienes hora? Disculpa, ¿sabes en qué parada...?
Estaba justo enfrente. Las palabras se hacen nudo.
Estaba justo enfrente. ¿Estará mañana?
Estaba justo enfrente. Levanta la mirada. Mira sin verme.
Estaba justo enfrente. Próxima parada: Puerta del Ángel.
Estaba justo enfrente, pero ya no está.

21.

Hay silencios
que retumban más que cualquier grito.
Hay silencios
que dicen todo lo que callan.
Hay silencios
que son huida o derrota o una mezcla de los dos.
Hay silencios
que se miden en años luz.
Hay silencios
en los que todavía te espero.

22.

Fuiste tú quien vino a mí,
recuerda.
Y te abrí mi puerta.
Una rendija, primero.
De par en par, al final.

Ahora que te has colado dentro,
¿qué hacemos?
Jugamos.

Ponemos distancia
para buscarnos después.

Jugamos
a no estar, estando.

Jugamos
a que es real.

Tú viniste a mí.
Yo te dejé entrar.
Y ahora no sabemos bien qué hacer.

Monstruos

I.

He sido derrotado por mí mismo.
Víctima y verdugo de mi propio ser
en una batalla silente y cruel.

Recojo los pedazos del suelo,
consciente de que las piezas no encajan igual.

Toca recomponerse. Reconstruir. Volver a empezar.
No, ya es imposible.
Ya no soy el mismo.
Nada es igual.
Hoy no es ayer.

¿Quién eres, imbécil? Grita una voz en mi cabeza.
¡Encuéntrate!

2.

A veces
solo queda apretar los dientes
y contener al monstruo
que amenaza con despertar.

3.

No soy mejor que tú.
Lo intento, mira que lo intento.
Pero tú... Creo que nunca llegaste a quitarte esa máscara.

Sé lo que piensas.
Que somos animales.
Tarados
con alma defectuosa y egoísta.

Pero yo ya no te creo.
Tampoco a mí mismo.
No soy mejor que tú.
Yo no soy tú.
Pero somos iguales.

4.

Te agrandas o achicas
jugando con la luz.
No. Eres el juguete de la luz.
Resultado caprichoso en forma estilizada
o un mero punto sobre el suelo.
Eso eres. Un juguete de la luz.
Burda distorsión de la realidad.

Así eres tú.
Menguante y creciente
como la sombra.
Creyendo que tienes el control
cuando no gobiernas ni tus propios instintos.
Enredada en su juego,
convertida en sombra de ti misma.

5.

Grito
y después me arrepiento.
No es así como me encuentras.
Grito
y sé que te alejo.
Grito
para hacerme oír,
para hacerte entender.
Grito
pero te pierdo.
Descubro tarde que la ternura es el único lenguaje
y el mejor aprendizaje.
Entonces callo y te abrazo.

6.

A veces te encuentro en los silencios.
A veces los silencios me encuentran.
A veces no sé si gritar un aullido mudo.
A veces...

7.

De pronto le entró miedo.
Fue como cuando la marea sube de forma suave, sin darte cuenta, y el mar te engulle.
El miedo es como el mar. Te inunda por dentro y te ahoga, pero sin mojarte.

De pronto le entró miedo sin saber muy bien por qué.
Tal vez a quererlo todo y nada al mismo tiempo. Tal vez, a la vida misma.

De pronto le entró miedo y el mar le engulló.

8.

El tiempo nos volvió a juntar
y nos encontró desteñidos, algo descompuestos.
Nos rebuscamos en la mirada,
en los gestos
y en la memoria.
Pero el monstruo pretérito no se despertó.
Solo estábamos nosotros.

9.

Nosotros, ellos, los otros...
Todo depende del punto de vista del que habla,
del que escucha,
del nombrado,
del señalado.

Y yo estaba en medio, cada vez más desarraigado,
extranjero en mi propio hogar.
Apátrida.
Cada vez más dolorido.

ÍNDICE

Anhelos 7

Desvaríos 29

Monstruos 53